BEI GRIN MACHT SICH IHR WISSEN BEZAHLT

- Wir veröffentlichen Ihre Hausarbeit,
  Bachelor- und Masterarbeit

- Ihr eigenes eBook und Buch -
  weltweit in allen wichtigen Shops

- Verdienen Sie an jedem Verkauf

Jetzt bei www.GRIN.com hochladen
und kostenlos publizieren

Christoph Werner

Steuerliche Zielsetzung der EU in Bezug auf die Steuerharmonisierung

GRIN Verlag

Bibliografische Information der Deutschen Nationalbibliothek:

Die Deutsche Bibliothek verzeichnet diese Publikation in der Deutschen National-
bibliografie; detaillierte bibliografische Daten sind im Internet über http://dnb.d-
nb.de/ abrufbar.

Impressum:

Copyright © 2014 GRIN Verlag GmbH
Druck und Bindung: Books on Demand GmbH, Norderstedt Germany
ISBN: 978-3-656-74654-6

Dieses Buch bei GRIN:

http://www.grin.com/de/e-book/281338/steuerliche-zielsetzung-der-eu-in-bezug-
auf-die-steuerharmonisierung

GRIN - Your knowledge has value

Der GRIN Verlag publiziert seit 1998 wissenschaftliche Arbeiten von Studenten, Hochschullehrern und anderen Akademikern als eBook und gedrucktes Buch. Die Verlagswebsite www.grin.com ist die ideale Plattform zur Veröffentlichung von Hausarbeiten, Abschlussarbeiten, wissenschaftlichen Aufsätzen, Dissertationen und Fachbüchern.

Besuchen Sie uns im Internet:

http://www.grin.com/

http://www.facebook.com/grincom

http://www.twitter.com/grin_com

Fachhochschule der Wirtschaft

-FHDW-

Paderborn

Referat

Thema:

Steuerliche Zielsetzung der EU in Bezug auf die Steuerharmonisierung

Verfasser:

Christoph Werner

Studiengang: Wirtschaftsrecht

Modul: Internationales Steuerrecht

Eingereicht am: 15. September 2014

Inhaltsverzeichnis

Abkürzungsverzeichnis

AEUV	Vertrag über die Arbeitsweise der Europäischen Union
Art.	Artikel
BEPS	Base Erosion and Profit Shifting
BMJ	Bundesministerium der Justiz
bzgl.	bezüglich
CCCTB	Common Consolidates Corporate Tax Base
DBA	Doppelbesteuerungsabkommen
d. h.	das heißt
EG	Europäische Gemeinschaft
EU	Europäische Union
EuGH	Europäischer Gerichtshof
EUV	Vertrag der Europäischen Union
EWG	Europäische Wirtschaftsgemeinschaft
f.	folgende
ff.	fort folgende
GKKB	Gemeinsame Konsolidierte Körperschafsteuer-Bemessungsgrundlage
insbes.	insbesondere
OECD	Organisation für wirtschaftliche Zusammenarbeit und Entwicklung
RL	Richtlinie
S.	Seite
vgl.	vergleiche
wg.	wegen
z. B.	zum Beispiel

1 Grundlagen

1.1 Erläuterung des Begriffs „Steuerharmonisierung"

Die Steuerharmonisierung bezeichnet das Vorhaben, unterschiedliche Steuergestaltungssysteme, steuerliche Regelungen, Bemessungsgrundlagen und Steuersätze zwischen Staaten anzugleichen.[1] Damit wird bezweckt, dass einerseits Steuerwettbewerb vermieden wird und Wettbewerbsverzerrungen abgebaut werden.[2] Andererseits soll der Handel auf dem Binnenmarkt verbessert und das ökonomische Potential voll ausgeschöpft werden.[3]

Die Steuerharmonisierung kann dabei unterschiedlich realisiert werden. Die Spannweite reicht von der Einführung einer gemeinschaftlichen Steuer, von der Harmonisierung der zwischenstaatlichen Besteuerungsverfahren bis hin zur Angleichung der nationalen Steuerarten und Steuersätze.[4]

Insbesondere die EU verfolgt das Ziel der Steuerharmonisierung. Mit der Vollendung des europäischen Binnenmarkts und der Wirtschafts- und Währungsunion wächst die Notwendigkeit der Steuerharmonisierung weiter.[5] Insoweit besteht also Harmonisierungsbedarf.

1.2 Die primären Ziele der EU

Das primäre Ziel der Europäischen Gemeinschaft bei Verabschiedung der „Einheitlichen Europäischen Akte" war die Schaffung eines gemeinsamen Marktes für Personen, Waren, Dienstleistungen und Kapital ohne Zollschranken und nationale Verwaltungshemmnisse. Dieser Binnenmarkt sollte nach seiner Vollendung zum 01.01.1993 folgende Ziele mit sich bringen:

- Wegfall der Binnengrenzen und damit der Zoll- und Verwaltungsformalitäten

- Vergrößerung des Absatzmarktes durch den Wegfall der innergemeinschaftlichen Grenzen

---

[1] Vgl. http://wirtschaftslexikon.gabler.de/definition/steuerharmonisierung-in-der-eu, Stand: 31.08.2014.

[2] Vgl. http://www.wirtschaftslexikon24.com/d/steuerharmonisierung/steuerharmonisierung, Stand: 28.08.2014.

[3] Vgl. http://www.bpb.de/nachschlagen/lexika/177285/steuerharmonisierung-in-der-eu, Stand 31.08.2014.

[4] Vgl. http://www.wirtschaftslexikon24.com/d/steuerharmonisierung/steuerharmonisierung, Stand: 28.08.2014.

[5] Vgl. http://www.bpb.de/nachschlagen/lexika/177285/steuerharmonisierung-in-der-eu, Stand 31.08.2014.

- Zunahme des Wettbewerbes und dadurch günstigere Preise

- Freier Reiseverkehr und Aufenthalt, Niederlassungsfreiheit

- Abbau der Handelshemmnisse und Vereinheitlichung der Normen[6]

Diese Ziele sollen auch durch die Steuerharmonisierung in der Europäischen Gemeinschaft erreicht werden. Über 20 Jahre nach der Vollendung des Binnenmarktes sind bereits große Erfolge erreicht worden. Der Wegfall von Zollformalitäten und die Vereinheitlichung der Nomen haben zu einer deutlichen Kostenersparnis bei den Unternehmen geführt. Die Absatzvergrößerung führte zu kostengünstigeren Produktionen in der EU.[7]

Die Steuerharmonisierung soll diese Effekte noch weiter verstärken und die Erfolge weiter vorantreiben.

1.3 Das Primär- und Sekundärrecht der EU

Das **EU-Primärrecht** ergibt sich aus dem Vertrag über die Europäische Union (EUV) und dem Vertrag über die Arbeitsweise der Europäischen Union (AEUV). Aus diesen lassen sich folgende Grundsätze für den Bereich Steuern und Abgaben ableiten:

- Es besteht die Verpflichtung zur Schaffung einer Zollunion

- Nationale Subventionen sind grundsätzlich verboten. Dies setzt Schranken im nationalen Steuerrecht durch das Verbot der steuerlichen Begünstigung von Inländern oder Schaffung von steuerlichen Anreizen nur für Steuerausländer. Aber auch nationale Vorschriften, die auf den ersten Blick keinen originären Auslandsbezug haben, werden unter Beihilfegesichtspunkten von der EU-Kommission geprüft.

- Die Mitgliedsstaaten haben die Verpflichtung der Beseitigung von Doppelbesteuerungen durch den Abschluss bilateraler Abkommen (DBA)

- Die unmittelbare Geltung der Grundfreiheiten[8] als individuelle Ansprüche jedes Steuerbürgers auch im Steuerrecht.[9]

Die aus dem Vertrag abgeleiteten Rechtsakte der Organe werden **Sekundärrecht der EU** genannt. Zur Erfüllung der Ziele des EU-Vertrages haben die Organe der EU (z. B. die Europäische Kommission, der Rat, der Gerichtshof der Europäischen Union) in Ausübung der Zuständigkeiten der Union folgende Möglichkeiten:[10]

---

[6] Sikorski, Ralf (2013) S. 26f.
[7] Vgl. Sikorski, Ralf (2013) S. 27.
[8] Siehe 2.2.2.2 Rechtsprechungen des EuGH.
[9] Vgl. Rupp, Thomas (2014) S. 763.
[10] Vgl. Wilke, Kay-Michael (2014) S. 318.

- **Verordnungen (Art. 288 Abs. 2 AEUV)** haben allgemeine Geltung und wirken unmittelbar. Die Steuerpflichtigen können sich auch ohne nationale Umsetzungsgesetze unmittelbar auf Verordnungen berufen.

- **Richtlinien (Art. 288 Abs. 3 AEUV)** haben eine wesentlich größere Bedeutung. Sie wirken grundsätzlich nicht unmittelbar, sondern müssen national umgesetzt werden. Die Richtlinien setzen voraus, dass ein Richtlinienvorschlag der Europäischen Kommission vom Rat der Wirtschafts- und Finanzminister einstimmig gebilligt wird.

- **Empfehlungen/Stellungnahmen (Art. 288 Abs. 5 AEUV)** sind unverbindlich.[11]

Für die Steuerharmonisierung in der EU setzt sich aktiv insbesondere die EU-Kommission ein (Initiativrecht). Die Verordnungen und Richtlinien kommen wie folgt Zustande:

1. Die EU Kommission legt dem Ministerrat der 28. Mitgliedstaaten (Finanz- und/oder Wirtschaftsminister aus den europäischen Staaten) den erarbeiteten Richtlinienvorschlag zur Abstimmung vor.

2. Der Ministerrat stimmt ab. Einstimmigkeit ist zwingend erforderlich.

3. Bei erfolgreicher Zustimmung des Rates muss das Europäische Parlament mit der einfachen Mehrheit zustimmen.[12]

1.4 Das Verhältnis des EU-Rechts zur nationalen Gesetzgebungskompetenz

Die europäische Union hat durch die Europäischen Verträge nicht im Sinne einer „Aufnahme durch Verschmelzung" Hoheitsrecht der Nationalstaaten übernommen, sondern es gilt das Prinzip der begrenzten Einzelermächtigung (Subsidiaritätsprinzip Art. 5 EUV).[13] Es bezweckt, dass die Rechtsordnung der EU im Konfliktfalle der nationalen Rechtsordnung vorgeht. In der EU spricht man daher auch von einer supranationalen Gemeinschaft. Das Gemeinschaftsrecht hat Vorrang.[14]

Das Subsidiaritätsprinzip betrifft auch das Steuerrecht. EU-Recht geht nationalem Steuerrecht und Abkommensrecht vor. Denn die EU könnte nicht funktionieren, wenn es den Mitgliedsstaaten möglich wäre, sich über das Gemeinschaftsrecht hinwegzusetzen.[15]

---

[11] Rupp, Thomas (2014) S. 764.
[12] Vgl. http://www.eu-info.de/europa/eu-richtlinien-verordnungen/, Stand 13.09.2014
[13] Vgl. Rupp, Thomas (2014) S. 763.
[14] Vgl. Wilke, Kay-Michael (2014) S. 323.
[15] Vgl. Kudert, Stefan (2014) S. 138.

2 Steuerliche Zielsetzung der EU in Bezug auf die Steuerharmonisierung

2.1 Harmonisierung bei den indirekten Steuern

Zu den indirekten Steuern zählen die Steuerarten, bei der sich Steuerschuldner und Steuerträger, also der die Steuer wirtschaftlich trägt, unterscheiden. Zu den indirekten Steuern zählen die Umsatzsteuer sowie die Verbrauchsteuern (z. B. Energiesteuer, Tabaksteuer). In allen Mitgliedstaaten der EU werden die Umsatzsteuer und Verbrauchsteuern verschiedener Art erhoben.

2.1.1 Rechtsgrundlagen

Steuerliche Kernvorschrift ist der Art. 113 AEUV. Mit Art. 113 AEUV wird den Organen der EU ein eindeutiger Harmonisierungsauftrag erteilt. Voraussetzung war es, dass alle EU-Staaten diesem einstimmig zustimmen.[16]

Er regelt die Harmonisierung der Rechtsvorschriften über Umsatzsteuer, Verbrauchsabgaben und sonstige indirekte Steuern, soweit dies für die Errichtung und das Funktionieren des Binnenmarktes und die Vermeidung von Wettbewerbsverzerrungen notwendig ist. Diese Harmonisierung ist auf die Verwirklichung des Binnenmarktes gerichtet.[17]

2.1.2 Aktueller Stand der Steuerharmonisierungen

Dieser Harmonisierungszwang der AEUV hat zum größten Integrationsfortschritt seit Gründung der EG geführt: Ab 01.01.1993 gilt innerhalb der EU ein weitgehend harmonisiertes System indirekter Steuern, wobei freilich die Harmonisierungsintensität unterschiedlich ausgeprägt ist.[18]

2.1.2.1 Umsatzsteuer

Im Jahre 1958 bei Inkrafttreten des EWG-Vertrages in den 6 Mitgliedsstaaten gaben es noch 4 verschiedene Umsatzsteuersysteme. Inzwischen sind alle 28 Mitgliedstaaten auf das Allphasen-Nettoumsatzsteuersystem mit Vorsteuerabzug umgestiegen. Teil-

---

[16] Wilke, Kay-Michael (2014) S. 325.
[17] Vgl. Schaumburg, Hubert (2011) S. 67.
[18] Vgl. ebenda.

weise harmonisiert ist die Bemessungsgrundlage. Unterschiede zwischen den einzelnen Mitgliedstaaten bestehen hinsichtlich der Höhe der Steuersätze und der Besteuerung bestimmter Fallgruppen.[19]

In den aktuell geltenden Fassungen der Mehrwertsteuersystemrichtlinie und der Mehrwertsteuerverordnung ist als Besteuerungssystem das Bestimmungslandprinzip als Übergangsregelung geregelt, die zeitlich befristet war.[20] Inzwischen gilt das Bestimmungslandprinzip so lange unbefristet, bis sich alle Mitgliedsstaaten auf das Ursprungslandprinzip und die damit verbundene Umverteilung von Umsatzsteuer geeinigt haben. Zurzeit ist keine Einigung absehbar.

Zum Stand September 2014 bestehen kaum weitere Aktivitäten zur weiteren Harmonisierung. Bei der Harmonisierung der Umsatzsteuersätze gibt es keine Fortschritte. Es existiert aber ein Richtlinienvorschlag zur Einführung einer gemeinsamen Mehrwertsteuer-Erklärung.[21]

2.1.2.2 Verbrauchsteuern

Für den Bereich der Verbrauchsteuern ist eine endgültige Lösung für ein allgemeines System der Erhebung der Verbrauchsteuern im gewerblichen Verkehr gefunden worden. Dazu ist die Richtlinie 92/12/EWG des Rates vom 25.02.1992 über das allgemeine System, den Besitz, die Beförderung und die Kontrolle von verbrauchssteuerpflichten Waren verabschiedet worden. Die Richtlinie wurde in Deutschland durch das Verbraucher-Binnenmarktgesetz vom 21.12.1992 umgesetzt. Seitdem werden im innergemeinschaftlichen Verkehr an den Binnengrenzen der Gemeinschaft keine Verbrauchsteuern mehr erhoben. Die wichtigsten Verbrauchsteuern, insbes. Mineralöl, Tabak und Alkohol sind harmonisiert. Die Mitgliedsstaaten haben allerdings die Möglichkeit, andere Verbrauchsteuern national einzuführen, sofern diese keine Grenzformalitäten verursachen. Es gilt das Bestimmungslandprinzip, d. h. die Steuer entsteht bei Abgabe zum Verbrauch.[22]

Seit ihrer Einführung wurde die Richtlinie regelmäßig geändert und angepasst, besteht aber in Kern weiterhin. Die Harmonisierung in allen Mitgliedstaaten ist soweit vollzogen.

Zum Stand September 2014 bestehen keine nennenswerten Aktivitäten zur weiteren Harmonisierung.

---

[19] Vgl. Wilke, Kay-Michael (2014) S. 326.
[20] Vgl. Schaumburg, Hubert (2011) S. 67f.
[21] Vgl.
http://ec.europa.eu/taxation_customs/taxation/vat/key_documents/legislation_proposed/index_de.htm, Stand 12.09.2014.
[22] Vgl. Schaumburg, Hubert (2011) S. 74f.

2.2 Harmonisierung bei den direkten Steuern

Zu den direkten Steuern zählen die Steuerarten, bei der Steuerschuldner und Steuer-träger die gleiche juristische oder natürliche Person sind. Die direkten Steuern werden auf Unternehmensgewinne und Privateinkommen erhoben (z. B. Einkommensteuer, Körperschaftsteuer, Zins- und Kapitalertragsteuern). In allen EU-Mitgliedsstaaten exis-tieren direkte Steuern in unterschiedlicher Höhe mit unterschiedlicher Bemessungs-grundlagen.

2.2.1 Rechtsgrundlagen

Die Harmonisierung der direkten Steuern wird in der AEUV nicht ausdrücklich erwähnt. Rechtsgrundlage hierfür sind die Art. 114 ff. AEUV über die Angleichung derjenigen Rechtsvorschriften, die sich unmittelbar auf die Errichtung oder das Funktionieren des Gemeinsamen Marktes auswirken oder den Wettbewerb verfälschen. Eine Verpflich-tung zur Harmonisierung besteht also nicht.[23]

2.2.2 Aktueller Stand der Harmonisierung

Durch das Fehlen einer eindeutigen Harmonisierungskompetenz der EU ist die Har-monisierung bei den direkten Steuern nicht sehr weit fortgeschritten.[24] Die Organe der EU dürfen nur tätig werden, sofern und soweit die Ziele der in Betracht gezogenen Maßnahmen auf der Ebene der Mitgliedstaaten nicht ausreichend und besser als auf der Gemeinschaftsebene erreicht werden können.[25]

Hierzu heißt es in einem Strategiepapier der Kommission vom 19.12.2006: beim der-zeitigen Stand des Gemeinschaftsrecht steht es den Mitgliedstaaten weitgehend frei, wie sie ihre Steuersysteme gestalten wollen, um ihre Ziele zu erreichen und den ent-sprechenden Finanzbedarf zu decken. Die Wechselwirkung verschiedener Steuersys-teme stellt jedoch eine Herausforderung für den Binnenmarkt dar. Nationale Steuervor-schriften, die jedoch ausschließlich oder vorrangig auf die innerstaatliche Lage abstel-len, können zu uneinheitlicher steuerlicher Behandlung führen, wenn sie in einem grenzüberschreitenden Kontext angewandt werden. Diese Probleme lassen sich durch einseitige Maßnahmen der Mitgliedstaaten oder durch bestehende bilaterale Steuerab-kommen nur teilweise überwinden. Es muss also weiterhin dafür gesorgt werden, dass die nicht harmonisierten nationalen Steuersysteme reibungslos zusammenwirken, so-wohl um die genannten Hindernisse zu überwinden, als auch um zu verhindern, dass die steuerliche Bemessungsgrundlage der Mitgliedstaaten ausgehöhlt wird.[26]

---

[23] Vgl. Wilke, Kay-Michael (2014) S. 325.
[24] Vgl. Schaumburg, Hubert (2011) S. 51.
[25] Vgl. Schaumburg, Hubert (2011) S. 52.
[26] Wilke, Kay-Michael (2014) S. 324.

Um die Funktionsweise der Steuersysteme im Binnenmarkt zu verbessern, haben das Europäische Parlament und der Rat am 11.12.2007 das sog. Fiscalis-Programm 2013 verabschiedet. Es ist auf folgende Ziele ausgerichtet: Hohes Niveau an Übereinstimmung bei der Auslegung des Gemeinschaftsrechts, effiziente und umfassende Kooperation der Mitgliedstaaten auf dem Gebiet der Steuern, ständige Verbesserung der Verwaltungsabläufe. Dies soll erreicht werden durch eine Vereinfachung und Modernisierung der Rechtsvorschriften, Modernisierung der Verwaltung, Verbesserung der Verwaltungszusammenarbeit und Betrugsbekämpfung. Ergänzt wird dieses Programm durch eine Mitteilung der Kommission vom 06.04.2005 über die Gemeinschaftsprogramme „Zoll 2013". In Fortführung der beiden Programme hat die Kommission am 29.08.2012 den Vorschlag für ein Programm Fiscalis 2020 bzw. Zoll 2020 angenommen; beide Programme werden dann gemeinsam im Programm FISCUS fortgeführt.[27]

Die Mitgliedstaaten haben letztendlich die Möglichkeit Foren, Kommissionen oder Ausschüsse zu bilden und bei Einigkeit der EU-Kommission Vorschläge zu unterbreiten. Die Kommission gibt dann die Richtlinienvorschläge zur Ratifizierung an den Rat weiter.

2.2.2.1 Richtlinien

Die Harmonisierung der direkten Steuern erschöpft sich in einigen EU-Richtlinien, die darauf gerichtet sind, die europarechtlichen Grundfreiheiten zu gewährleisten.[28]

Insbesondere haben folgende Richtlinien bereits eine Harmonisierung unter den Mitgliedstaaten bewirkt:

* Amtshilferichtlinie über die Auskunftserteilung zwischen den Finanzbehörden (1977)

* Fusionsrichtlinie über die Behandlung grenzüberschreitender Verschmelzungen, Spaltungen, Einbringungen und Anteilsaustauschvorgänge (1990)

* Mutter-Tochter-Richtlinie über die Behandlung von grenzüberschreitenden Dividendenzahlungen im europäischen Konzern (1990), Änderung der RL (2014)

* Schiedsabkommen zwischen den Mitgliedstaaten (1990)

* Zinsrichtlinie über die Besteuerung privater Zinserträge in der EU (2003)

* Zinsen- und Lizenzgebühren-Richtlinie (2003)

* EG-Beitreibungsrichtlinie (2003)[29]

---

[27] Wilke, Kay-Michael (2014) S. 324f.
[28] Schaumburg, Hubert (2011) S. 53.

Am 26.06.2013 haben das Europäische Parlament und der Rat die Bilanzrichtlinie verabschiedet. Die EU-Mitgliedstaaten sind gehalten, die neue Richtlinie bis zum 20.07.2015 in nationales Recht zu transformieren. Einer der Ziele dieser Richtlinie ist unter anderem die Harmonisierung der Schwellenwerte für die Einordnung kleiner, mittelgroßer und großer Kapitalgesellschaften.[30]

Seit dem 16.03.2011 existiert ein erster Richtlinienvorschlag des Europäischen Rates zur Gemeinsamen Konsolidierten Körperschaftsteuer-Bemessungsgrundlage (GKKB, engl. CCCTB). Die Richtlinie zielt auf ein einheitliches, harmonisiertes Regelwerk für die Berechnung der körperschaftsteuerlichen Bemessungsgrundlage ab. Die Vereinheitlichung könnte unter anderem dazu führen, dass nur noch eine einzige europäische Steuerbehörde für die Bearbeitung der einheitlichen Körperschaftsteuer-Erklärung zuständig ist.[31] Eine Einigung aller Mitgliedstaaten mit Konsolidierung und Aufteilung der Steuerschuld ist nicht wahrscheinlich und war entgegen der Planung der EU-Kommission auch vor 2013 nicht zu erwarten, da sich u. a. Deutschland gegen eine Implementierung sperrt.[32] Zum Stand September 2014 dauern die Verhandlungen weiter an.

2.2.2.2 Rechtsprechungen des EuGH

Ausgangspunkt der Rechtsprechung des EuGH im Bereich der direkten Steuern ist die Feststellung, dass die Rechtssetzungskompetenz hierfür in die ausschließliche Zuständigkeit der einzelnen Mitgliedsstaaten fällt. Zugleich betont der EuGH aber immer wieder, dass die Mitgliedstaaten dieses Recht nur unter Beachtung und Wahrung des Gemeinschaftsrechts ausüben darf.

Im Fokus der aktuellen Rechtsprechung der vergangenen 15 Jahre steht die Vereinbarkeit der nationalen Regelungen mit den Grundfreiheiten, nämlich

- Warenverkehrsfreiheit (Art 28 ff. AEUV)

- Arbeitnehmerfreizügigkeit (Art. 45 ff. AEUV)

- Niederlassungsfreiheit (Art. 49 AEUV) (Rechtsprechung auch bzgl. Rechtsformfreiheit)

- Dienstleistungsfreiheit (Art. 56 ff. AEUV)

- Kapitalverkehrsfreiheit (Art. 63 ff. AEUV)

---

[29] Vgl. u.a. Vgl. Rupp, Thomas (2014) S. 764f. und
http://wirtschaftslexikon.gabler.de/definition/steuerharmonisierung-in-der-eu, Stand:
31.8.2014.
[30] Vgl. BMJ online (2014) vom 30.07.2014 12:11 Uhr.
[31] Vgl. Hubert, Tina (2012) Kapitel I. Einführung.
[32] Vgl. Kellermann, Dietrich (2013) S. 156.

- Diskriminierungsverbot (Art. 118 AEUV) (Rechtsprechung insb. wg. Staatsangehörigkeit)[33]

2.2.2.3 Weitere aktuelle Maßnahmen

Auf Vorschlag der EU-Kommission wurde im Juni 2002 ein „Gemeinsames EU-Forum für Verrechnungspreise" (sog. EU-Verrechnungspreisforum) errichtet. Das Forum befasst sich mit zwei Hauptaufgaben:

- Schiedsübereinkommen zur Beilegung von Streitfällen in Verrechnungspreisfällen

- Andere Probleme im Zusammenhang mit Verrechnungspreisen.

Bisherige Ergebnisse des Forums sind unter anderem die Verabschiedung eines „Verhaltenskodex für die Dokumentation bei der Ermittlung für verbundene Unternehmen in der EU" (27.06.2006) sowie ein „Verhaltenskodex zur effektiven Durchführung des Schiedsübereinkommens" (seit 2004). Das Forum arbeitet seitdem an eigenen Zielsetzungen (Stand September 2014).[34]

Die EU hat bereits 1990 einen Ausschuss zur Untersuchung der Unternehmensbesteuerung in der EG eingesetzt. Die für Steuern und Zollunion zuständige Generaldirektion der Kommission arbeitet derzeit neben der CCCTB an einem umfassenden Ansatz, die auf die Beseitigung steuerlicher Hindernisse für im Binnenmarkt tätige Unternehmen abzielen. Dieser Ansatz ist eine mögliche Pilotregelung zur Besteuerung kleiner und mittlerer Unternehmen nach den Regeln des Sitzstaates (Sitzlandbesteuerung – Home State Taxation). Bisher existiert hier noch kein Richtlinienvorschlag.[35]

Einige EU-Mitgliedstaaten haben die OECD mit einem Aktionsplan gegen Gewinnkürzungen und Gewinnverlagerung multinational tätiger Unternehmen beauftragt. Die G20-Finanzminister haben am 19./20.06.2013 diesem Aktionsplan, genannt BEPS (Base Erosion and Profit Shifting), zugestimmt. Die beteiligten Staaten sollen bis Ende 2015 wirksame, international abgestimmte Maßnahmen gegen BEBS erarbeiten.[36] Aus diesem Aktionsplan wird ersichtlich, dass die 15 geplanten Maßnahmen des Aktionsplans zwangsläufig auch auf eine Harmonisierung im internationalen Steuerrecht gerichtet sind.

---

[33] Vgl. Wilke, Kay-Michael (2014) S. 333
[34] Vgl. Wilke, Kay-Michael (2014) S. 330
[35] Vgl. Wilke, Kay-Michael (2014) S. 330f.
[36] Vgl. https://www.muenchen.ihk.de/de/recht/Steuerrecht/internationales-steuerrecht/g20-aktionsplan-gegen-beps, Stand 08.09.2014.

3 Schlussbetrachtung

3.1 Zusammenfassung

Zusammenfassend lässt sich feststellen, dass die Harmonisierungsbestrebungen in den Steuerarten in der EU unterschiedlich weit fortgeschritten sind. Während die Verbrauchsteuern europaweit harmonisiert sind, fehlt bei der Umsatzsteuer der letzte große Schritt zur Umstellung des Besteuerungssystems auf das Ursprungslandprinzip. Durch die fehlende Harmonisierungskompetenz konnten die Europäische Kommission und der Europäische Gerichtshof im Bereich der direkten Steuern nur tätig werden, wenn sie von den Mitgliedstaaten dazu aufgefordert wurden bzw. den Richtern Gerichtsverfahren zur Entscheidung vorgelegt wurden. Die Umsetzung einiger Richtlinien zeigen aber, dass die EU trotzdem bemüht ist, die Steuern in diesem Bereich zu harmonisieren, um unter anderem gebündelt gegen die aggressive Ausnutzung unterschiedlicher Steuersysteme und Steuersätze durch die Unternehmen vorzugehen. An dem Inhalt der Richtlinien wird aber deutlich, dass bisher immer nur ein gewisser Mindestkonsens erreicht wurde.

Die Harmonisierungsbestrebungen erzielen auch gewünschte Nebeneffekte. So ist im Bereich der indirekten Steuern zu beobachten, dass Umsatzsteuerbetrug über die Grenzen hinaus durch die harmonisierten Regelungen eingedämmt werden konnte. Gesunkene Bürokratiekosten und die Gewissheit zu haben, innerhalb der EU auf ähnliche Regelungen in der Umsatzsteuer zu treffen, sind weitere positive Vorteile.

Zuletzt ist zu sagen, dass weiterhin großer Harmonisierungsbedarf, insbesondere auf dem Bereich der direkten Steuern besteht, da bisher nur geringer Konsens gefunden wurde.

4.2 Ausblick

Die Prognose für die Zukunft ist schwer vorauszusagen. Sicher ist, dass heute die unterschiedlichen Finanzierungsmethoden der Staatshaushalte die größten Probleme bereiten. Die einzelnen Mitgliedstaaten haben eine stark abweichende Gewichtung der staatlichen Aufgaben und entsprechend werden teilweise völlig verschiedene staatliche Abgaben erhoben, die Verteilung der direkten und indirekten Steuern ist uneinheitlich, die gewachsenen Steuersysteme sind anders aufgebaut. Darüber hinaus gibt es eine Vielzahl von bürokratischen Hemmnissen.[37]

---

[37] Vgl. Sikorski, Ralf (2013) S. 28.

Auch das Einstimmigkeitserfordernis steht der weiteren Harmonisierung im Weg. Jeder noch so kleine Mitgliedstaat hat ein Vetorecht. Mit der Harmonisierung ist immer die Rückstellung von eigenen Länderinteressen verbunden.[38]

Auch wenn die Harmonisierung im Bereich der direkten Steuern in Zukunft große Fortschritte machen sollte, muss auf lange Sicht auch noch das Verfahrensrecht in der EU harmonisiert werden. Quo vadis Europa?[39]

---

[38] Vgl. Sikorski, Ralf (2013) S. 28.
[39] Vgl. Sikorski, Ralf (2013) S. 29.

Literatur- und Quellenverzeichnis

Monographien

Kellersmann, Dietrich; Treisch, Corinna; Lampert, Steffen; Heinemann, Daniela (2013)

Europäische Unternehmensbesteuerung II, 2. Auflage, Springer Gabler, Wiesbaden

Kudert, Stefan (2014)

Internationales Steuerrecht – leicht gemacht, 2. Auflage, E. v. Kleist Verlag, Berlin

Rupp, Thomas; Knies, Jörg-Thomas; Ott, Johannes-Paul; Faust, Tanja (2014)

Internationales Steuerrecht, 3. Auflage, Schäffer-Poeschel, Stuttgart

Schaumburg, Hubert (2011)

Internationales Steuerrecht, 3. Auflage, Otto Schmidt Verlag, Köln

Sikorski, Ralf; Pogodda, Annette (2013)

Umsatzsteuer im Binnenmarkt, 8. Auflage, NWB Verlag GmbH & Co. KG, Herne

Wilke, Kay-Michael; Weber, Jörg-Andreas (2014)

Lehrbuch Internationales Steuerrecht, 12. Auflage, NWB Verlag GmbH & Co. KG, Herne

Aufsätze in Zeitschriften

Hubert, Tina (2012)

Die neue Ära der europäischen Unternehmensbesteuerung, StuB Nr. 19 vom 12.10.2012

Internetquellen

http://www.bpb.de/nachschlagen/lexika/177285/steuerharmonisierung-in-der-eu, entnommen aus dem Internet am 31.08.2014.

http://ec.europa.eu/taxation_customs/taxation/vat/key_documents/legislation_proposed /index_de.htm, entnommen aus dem Internet am 12.09.2014.

http://www.eu-info.de/europa/eu-richtlinien-verordnungen/, entnommen aus dem Internet am 13.09.2014.

https://www.muenchen.ihk.de/de/recht/Steuerrecht/internationales-steuerrecht/g20-aktionsplan-gegen-beps, entnommen aus dem Internet am 08.09.2014.

http://wirtschaftslexikon.gabler.de/definition/steuerharmonisierung-in-der-eu, entnommen aus dem Internet am 31.08.2014.

http://www.wirtschaftslexikon24.com/d/steuerharmonisierung/steuerharmonisierung, entnommen aus dem Internet am 28.08.2014.

Gesetzestexte

Bieber, Roland (2012)

    Europarecht Textausgabe, 22. Auflage, Nomos Verlagsgesellschaft, Baden-Baden, Rechtsstand: 1. August 2012

Sonstige Quellen

BMJ online (2014) „ Gesetzgebung – Entwurf eines Bilanzrichtlinie-Umsetzungsgesetztes veröffentlicht" vom 30.07.2014, 12:11 Uhr

DIHK SteuerInfo November (2011) „ Bilanzierung – Überarbeitung der Bilanzierungs-richtlinien (Kommission)" vom 14.11.2011, 13:21 Uhr

Haufe Steuer Office Kanzlei-Edition Online: „Steuer Check-up 2014", Stand Produktda-tenbank: 07.09.2014, Ausdruck vom 10.09.2014